Bibliografische Information der Deutschen Nationalbibliothek
Die Deutsche Nationalbibliothek verzeichnet diese Publikation
in der Deutschen Nationalbibliografie;
detaillierte bibliografische Daten sind im Internet
über http://dnb.ddb.de abrufbar.

Bibliographisches Institut GmbH
Dudenstraße 6, 68167 Mannheim
Redaktionelle Leitung: Eva Günkinger, Nele Thiemann
Lektorat: Sophia Marzolff
Fachberatung: Ulrike Holzwarth-Raether
Herstellung: Claudia Rönsch
Layout und Satz: Michelle Vollmer, Mainz
Umschlaggestaltung: Mischa Acker
Druck und Bindung: Print Consult GmbH
Oettingenstraße 23, 80538 München
Printed in Czech Republik
ISBN 978-3-411-70795-9

Lesedetektive

Ein ganz besonderer Ferientag

Hanneliese Schulze
mit Bildern von Iris Hardt

Dudenverlag
Mannheim · Zürich

Lea und Luca paddeln
in einem roten Kanu
durch einen See in Schweden.
Schon drei Tage lang!

Abends bauen Mama und Papa immer am Ufer die Zelte auf. Dann schwimmen alle im See oder streifen durch den Wald.

1. Fall: In welchem Land machen Lea und Luca Ferien?

 ☐

Und morgens heißt es
schon wieder: Weiterpaddeln!
Aber jetzt haben
Lea und Luca genug davon.

Luca will endlich
Fische fangen.
Und Lea träumt davon,
ihr Gespensterbuch zu lesen.

„Mir tun schon die Arme
vom Paddeln weh“, jammert Lea.
„Und ich hab überhaupt
keine Lust mehr“, murrt Luca.

„Paddelt doch abwechselnd“,
schlägt Papa vor.
„Dann schaffen wir es
noch heute bis zur Insel.“

Die Insel! Sie ist klein
und voller Blaubeeren
und sie hat eine offene Hütte
zum Schlafen.

„Na gut, wenn es sein muss“, mault Lea und paddelt weiter. Schnell nimmt Luca seine Angel und wirft sie aus.

„Aber dass du mir
bloß keinen Fisch fängst!“,
sagt Mama.
Luca lacht leise.

Das sagt Mama immer.
Sie fürchtet sich nämlich
vor gefangenen Fischen,
die an einem Haken zappeln.

Lucas Blick folgt der Schnur,
die im Wasser
eine feine Spur zieht.
Er sitzt ganz still.

„Typisch Luca“, schimpft Lea.
„Sitzt nur da und tut,
als ob er Fische fängt.
Los, jetzt musst du paddeln!“

2. Fall:
Die Familie erreicht die

Beerblauinsel.

Spät am Abend
erreichen sie müde
die Blaubeerinsel.
Endlich!

Baubleerinsel.

Blaubeerinsel.

Papa macht ein Feuer
und Mama kocht Nudeln.
Danach kriechen alle
zum Schlafen in die Hütte.

„Schade, dass ich
keinen Fisch gefangen habe!“,
sagt Luca.
„Morgen“, sagt Papa, „morgen.“

„Und ich bin gar nicht
zum Lesen gekommen“, sagt Lea.
„Und ich nicht zum Faulenzen“,
seufzt Mama.

„Und mich stechen
tausend Mücken“, ächzt Papa.
„Wären wir bloß im Zelt!“
„Morgen“, kichert Lea, „morgen.“

Das Feuer erlischt langsam.
Nebelschwaden tanzen
über das Wasser wie Feen,
leichtfüßig und geheimnisvoll.

Als Luca am Morgen aufwacht,
ist überall dichter Nebel.
„Der See ist weg!“, ruft er.
Es ist grau und ungemütlich.

„Mir ist kalt“, sagt Lea.
Sie befühlt ihr feuchtes Haar.
„Mir auch“, sagt Mama.
„Komm, wir suchen neues Holz.“

Das Feuer wärmt die Hütte.
Beim Frühstück fragt Papa:
„Was machen wir nur
an solch einem Tag?“

„Faulenzen!“, lacht Mama.
„Lesen!“, ruft Lea.
„Angeln!“, strahlt Luca,
„vielleicht habe ich Glück!“

Er nimmt die Angel
und läuft zum Ufer hinab.
„Dass du mir bloß keinen
Fisch fängst!“, ruft Mama.

Erst am Nachmittag kommt
langsam die Sonne heraus.
Mama kriecht aus der Hütte
und reckt sich zufrieden.

Papa fängt an,
die Zelte aufzubauen.
Er bläst die Luftmatratzen auf
für die nächste Nacht.

Lea klappt ihr Buch zu.
„War das spannend!“, sagt sie.
„Und jetzt sammele ich
Blaubeeren für uns.“

3. Fall:
Was stimmt?

○ Mama faulenzt.

Luca kommt vom Ufer herauf.
Stolz legt er vier Fische
neben das Feuer, geköpft
und sauber ausgenommen.

Luca liest.

Lea fischt.

„Wunderbar!“, ruft Mama.
„Solche Fische mag ich!
Habt ihr auch so einen
Riesenhunger wie ich?“

„Klar“, lacht Lea.
„Und morgen
könnten wir eigentlich
mal wieder weiterfahren!“

Was sagst du dazu?

Was würdest du an einem trüben Ferientag machen?

Schreibe deine Geschichte auf und schicke sie uns! Als Dankeschön verlosen wir unter den Einsendern zweimal jährlich tolle Buchpreise aus unserem aktuellen Programm!
Eine Auswahl der Einsendungen veröffentlichen wir außerdem unter www.lesedetektive.de.

Die Duden-Lesedetektive: Leseförderung mit System

Lesedetektive 1. Klasse

32 Seiten, gebunden.
6,95 € (D); 7,20 € (A)

- Bühne frei für den Frosch
- Achtung, wir kochen!
- Neue Nachbarn für Ole
- Ein Bär reißt aus
- Die Schildkröte im Klassenzimmer
- Das Picknick im Wald
- Amelie lernt hexen
- Ein ganz besonderer Ferientag
- Franzi und das falsche Pferd
- Das gefundene Geld
- Eine unheimliche Nacht
- Finn und Lili auf dem Bauernhof
- Nuri und die Ziegenfüße

Lesedetektive 2. Klasse

32 Seiten, gebunden.
6,95 € (D); 7,20 € (A)

- Max und der Geräuschemacher
- Svenja will Windpocken haben
- Svenia will ein Junge sein
- Anna und der Meerschweinchenvampir
- Lilli und die Riesenkrake
- Ein Tag auf dem Pferdehof
- Das Gespenst aus der Kiste

Lesedetektive gibt es für die 1. bis 4. Klasse sowie als Vorlesegeschichten

www.lesedetektive.de

Gefunden! Knote den Streifen einfach an das Lesebändchen an und fertig ist dein Lösungsschlüssel für die Detektivfälle! Nur bei der richtigen Antwort passt das abgedruckte Symbol genau in das entsprechende Schlüsselloch.